# 地中海の木造電車
## スペイン・マヨルカ島

後 藤 文 男

# 目　次

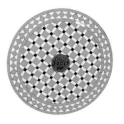

## マヨルカ島とは

マヨルカ島は，スペイン・バレアレス諸島州に属し，バルセロナ南東の地中海に浮かぶヨーロッパ有数のリゾート地です．面積は 3,640.11 ㎢で，奈良県とほぼ同じ面積です．島の北西部にあるトラムンタナ山脈は，2011 年にユネスコの世界遺産に登録されました．

　マヨルカ島の地質は大部分が石灰岩からなっており，それらは峡谷や洞窟，鍾乳洞を作り出し重要な観光資源となっています．島の沿岸には美しい砂浜が点在し，ホテルが立ち並んでいます．島の中央部には肥沃なマヨルカ平原が広がっており，アーモンドやオリーブ，オレンジの栽培が行われています．

　島の気候は典型的な地中海性気候で，年間で降水量の多い時期は 10 月から 12 月です．平地では年間 300 日以上が晴天で "地中海の楽園" と呼ばれています．

　島の中心はパルマ・デ・マヨルカで，バレアレス諸島州の州都です．ここにはアルムダイナ宮殿，カテドラル，ベルベル城など見所がたくさんあります．また，島の東のポルト・クリスト郊外にあるドラック洞窟には地底湖としては世界最大のマルテル湖があります．パルマから木造電車に乗って約 1 時間するとトラムンタナ山脈の谷間にあるソイエルに着きます．そこで木造のトラムに乗り換えてポルト・デ・ソイエルに行くと白砂のビーチが広がっています．

## マヨルカ島にかかわる人物

音楽家のフレデリック・ショパンは，結核療養のため医者に勧められ，1838 年から 1839 年の冬，愛人ジョルジュ・サンドを伴ってマヨルカ島のバルデモサで過ごしました．滞在中に名曲「雨だれ」を完成させました．バルデモサにあるカルトゥハ修道院にはショパンの記念館があり，スコアや原稿などやショパンが使っていたといわれるピアノなどが展示されています．

　画家のジョアン・ミロは，1954 年からマヨルカ島に定住しました．パルマ・デ・マヨルカのジョアン・ミロ財団美術館はかつてミロが使っていたアトリエの隣に開設され，ミロの作品が多数展示されています．

## マヨルカ島の産物

マヨルカ島のおもな農産物はオリーブやブドウ，オレンジ，レモン，アーモンドです．伝統的なお菓子として "エンサマイダ" という甘いパンがあります．小麦粉，水，砂糖，卵，ラードなどを原料とし渦巻状の形をしています．お土産としては "シウレイ" という素焼きの土人形の笛や手作りのガラス工芸品，オレンジやレモンのジャムがお勧めです．

illustrated by Masako Yamamoto

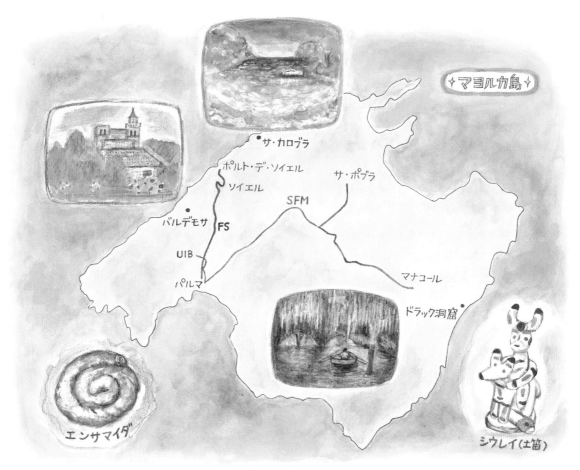

illustrated by Masako Yamamoto

## マヨルカ島への行き方

マヨルカ島にはパルマ・デ・マヨルカ空港があり，スペイン本土やヨーロッパの主要都市との間に定期便が飛んでいます．マヨルカ島は日本からすごく遠いように思いますが，日本から直接行く場合，スペイン本土経由でなくフランクフルトまたはパリ経由で行くのが効率的です．空港からパルマの市街地までは12kmで，バスが出ています．

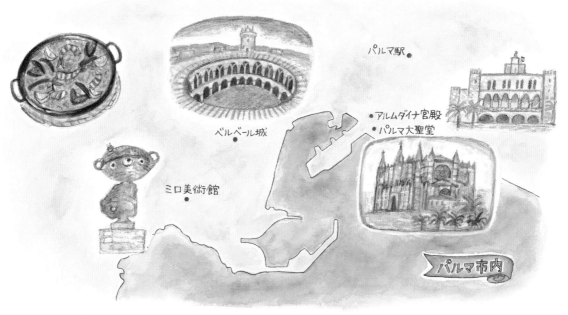

illustrated by Masako Yamamoto

## ソイエル鉄道について

マヨルカ島には州営のTransport de les Illes Balears (TIB) が運営するServeis Ferroviaris de Mallorca (SFM マヨルカ鉄道) と民営のFerrocarril de Sóller (ＦＳ), フェロカリル・デ・ソイエル社 (ソイエル鉄道) があります. かつて, マヨルカ島のすべての鉄道や路面電車は3フィートゲージでしたが, 1980年代にマヨルカ鉄道はメーターゲージに改軌され, 唯一ＦＳだけがスペインでは珍しい3フィートゲージを保持し, 創業時からの木造車両を使っています.

ソイエル鉄道は, 1905年11月5日に設立されました. Palma de Mallorca (パルマ・デ・マヨルカ) ーSóller (ソイエル) 間を結ぶ鉄道線の建設は1907年に始まり, 1912年4月16日に全長27. 264 kmが開通しました. 軌間は3フィート (914 mm) で, 橋は11か所, トンネルは13か所あります. 最初は, 蒸気機関車牽引でLa Maquinista Terrestre y Marítima (MTM マキニスタ・テレストレ・イ・マリティマ) 社の3両の機関車とCarde y Escoriaza (現在のCAF), カルデ・イ・エスコリアザ社によって製造された6両の客車が入線しました. 1年後の1913年8月, 4両目の機関車が入線, 増備の4両の客車

も同じ年に入線しました.

1913年, フェロカリル・デ・ソイエル社はソイエルの町とソイエル港を結ぶ全長4.868kmの軌道線Tranvía de Sóller (トランヴィア・デ・ソイエル) を開通させました. それは同じ軌間914mmで直流600Vでした. 軌道線はソイエル鉄道の一部で, ソイエルとポルト・デ・ソイエル (Port 'de Sóller) を結んでいます. スペイン政府の規則では, 延長30 kmを超える新しい鉄道が助成金を取得できるものと規定されており, ソイエル線はわずかに30kmに満たなかったので, この制約を回避するために建設されたと言われています. この軌道線は新鮮な魚や石炭などを運ぶためにも使用されました.

1929年7月14日, 鉄道線パルマーソイエル間が電化されました. 直流1200 Vで4両の電車が入線しました. 電車はカルデ・イ・エスコリアザ社で製造され, モーターや他の電気品はSiemens-Schuckert (ジーメンス・シュケルト) 社によって製造されました. この電車には複電圧装置が付いており, かつては軌道線の終点ポルト・デ・ソイエルまで入線していました. 現在は複電圧の機能はありませんが, ソイエル駅構内は2つの電圧 (軌道線は600V, 鉄道線は1200V) を切り替えることができ,

パルマ駅駅舎
Palma
3 July 2015

創立100周年の記念プレート（上）と
1929年の電化プレート

パルマ駅駅舎内部　3 July 2015

路面電車が駅構内を通過できるようにされています．電化によってそれまで使われていた蒸気機関車はFerroviaris de Mallorca（FCM），フェロカリレス・デ・マヨルカ社（マヨルカ鉄道）に売却されました．電化に際しては1928年Brown, Boveri & Cie.（BBC），ブラウンボベリ社がクロコダイル形電気機関車を製造しセールスしたこともあったようですが，営業に就くことなく廃車されました．

　パルマからブンヨラ（Bunyola）までの風景は平坦で，アーモンドの木やオレンジ，レモンの畑がたくさんあります．ブンヨラからソイエルまでは風景が劇的に変化します．列車はトラムンタナ山脈（Serra de Tramuntana）に向かってゆっくりと登り始め，途中には2,857mの長いトンネルもあります．ソイエルまでの所要時間は約1時間です．

オレンジとレモンの運搬がこの鉄道で行われたため，オレンジエクスプレスと呼ばれることもありました．ソイエルはトラムンタナ山脈の谷に位置し，マヨルカ島の中央平野から高い山々で区切られています．19世紀以前は曲がりくねった危険な道よりも海上からパルマに行く方が楽でした．1990年代に道路トンネルが完成するまで，ソイエル鉄道は多くの地元民を運んでいました．かつては貨物輸送もソイエル線で行われ，ほとんどの列車が貨客混合で，ＦＳと改軌前のマヨルカ鉄道との間で貨物の受渡しもありました．その後，道路トンネルが開通したので，今ではこの鉄道を利用している住民はほとんどありません．しかし，観光に特化したおかげでこの鉄道は生き残り，現在毎年100万人以上の乗客を運んでいます．

　列車の運行本数は，季節によって異なりますが，シーズンで片道5，6本あります．他にツアー会社専用の列車が多数あります．

　谷のはるか下のソイエルの景色を鑑賞させるために，ソイエル行きの列車のうち1日2，3本が途中のミラドール・プジョール・デ・バンヤ（Mirador Pujol de'n Banya）に10分ほど止まり，乗客を楽しませてくれます．ブンヨラではほとんどの列車が交換します．なお，1月はメンテナンス作業のため運休します．

パルマ駅サイン

パルマ駅は，スペイン広場のすぐそばにあり TIB の地下駅 Estació Intermodal（エスタシオインターモーダル）の上にある広い公園に隣接しています．入口には大きな "Ferrocarril de Sóller" のサインがあり，一部は美術館になっていてミロの作品が展示されています．これはもとは車庫で，大きなガラス窓が線路を吸い込むように嵌められています．

ソイエル駅は 1606 年に建てられた建物を改装したもので高貴な石造りです．建物内にはピカソやミロの作品が展示され，美術館になっています．

軌道線の終点，ポルト・デ・ソイエルにはたくさんのボートやヨットが係留されています．海辺にはホテルやレストラン，バーが立ち並んでいます．日没前に到着して，夕方に太陽が沈む海を見るのが一番です．路面電車は以前ポルト・デ・ソイエルの海岸沿いを走っていましたが，2012 年に遊歩道を作るため内陸側に移動されました．

パルマ―ポルト・デ・ソイエル間の鉄道免許は，2011 年 4 月 16 日に終了する予定でしたが，2005 年に同社はさらに 50 年間免許の延長を申請し 2055 年まで延長されました．なお，パルマ市内にはかつて路面電車が走っていましたが，1958 年 3 月 16 日に廃止され，トレーラーの一部はＦＳが譲受けました．

ＦＳの車両は，すべて木造で見かけは大変古く見えますが，実際には近代化が行われ，制御システムは完全な更新がなされています．唯一の伝統的なシステムは，鉄道線のブレーキシステムで今では珍しい真空ブレーキが使われています．GPS は鉄道線と軌道線の両方で使用され，車両の位置を追跡できるようにされています．ＦＳは熟練の木工職人を抱えており，長年にわたって多くの車体更新が行われ，外板が張り替えられています．すべての車両を最高の状態に保つことが職人の誇りとなっています．

パルマ駅の発車ベル

木造電車を模したアイスクリームスタンド

モザイクタイルが美しいパルマ駅のカフェテーブル

パルマ湾上空にて

ポルト・デ・ソイエルの美しい夕陽

気温 41℃はさすがに暑い

パルマ大聖堂　アントニ・ガウディ（左）とマヨルカ島出身の前衛芸術家ミケル・バルセロ（右）が手掛けた祭壇

ソイエル鉄道
鉄道線路線図

Sóller
Mirador del Pujol d'en banya
Can Tambor

トラムンタナ山脈

Bunyola

Caubet

Sa Coma/Santa Maria

Son Reus

Son Sardina

Palma

1912
FERROCARRIL
DE SÓLLER

illustrated by Masako Yamamoto

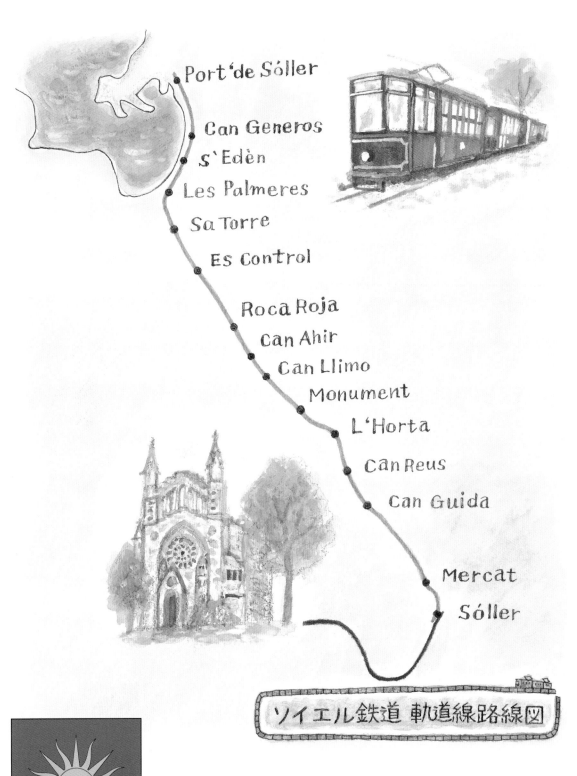

Port 'de Sóller

Can Generos

S' Edèn

Les Palmeres

Sa Torre

Es Control

Roca Roja

Can Ahir

Can Llimo

Monument

L' Horta

Can Reus

Can Guida

Mercat

Sóller

ソイエル鉄道 軌道線路線図

illustrated by Masako Yamamoto

ソイエルの紋章

13

パルマ駅構内

*Palma de Mallorca*

駅舎　美術館

Sóller→

パルマ駅構内配線図

パルマ駅の昔のトイレ

転轍機

パルマ駅のゲート　列車の出入りがないときは閉められている

ミロの美術館の床は一部ガラス張りになっていて床面の
下にはレールが残されている

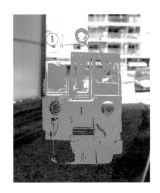

パルマ駅のもとの車庫はミロの美術
館となっている

パルマ駅のテント張りの車庫

3 July 2015  Palma

*Sóller*

←Palma

Port 'de Sóller→

駅舎

ソイエル駅構内配線図

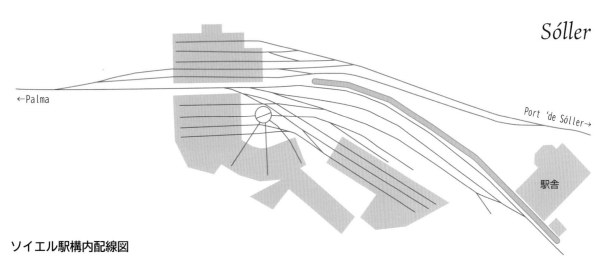

ソイエル駅終端の機回し線

ソイエル駅構内　左が鉄道線の車庫でターンテーブルがある　右は軌道線の車庫　　　　　　　　6 July 2015

ソイエル駅の木陰で休む木造客車　　　　　　　　　　　　　　　　　　　　　　　　　　　　6 July 2015

ソイエル駅の入口　駅舎内にはピカソやミロの作品が展示されている

ホテルのベランダから

5 July 2015  Sa Torre-Les Palmeres

◀丘にはたくさんのコンドミニアムが立ち並んでいる

5 July 2015  Les Palmeres-s`Eden

海水浴客でにぎわう海岸沿いを走る

5 July 2015　Can Generos-s`Eden

ヨーロッパ各地から観光客が訪れる　　　　　　　　　　　　　　　5 July 2015　Port 'de Sóller-Can Generos

◀青く澄んだ海が印象的である　　　　　　　　　　　　　　　　　5 July 2015　Les Palmeres-s`Eden

家族連れも多い海岸

5 July 2015  Port 'de Sóller-Can Generos

テラスレストランの前を通る

サ・カロブラに行く遊覧船
の中から撮影
5 July 2015
Port 'de Sóller-
　　　　Can Generos

もとリスボン市電で後に車体が載せかえられソイエルオリジナルのものとなった　　　　　6 July 2015　Sóller

もとリスボン市電
で腰板が木造風に
フィルムでラミ
ネートされている
が鋼板張りである
5 July 2015
Port 'de Sóller

ソイエルオリジナルの車両　頭のライトが特徴　　　　　　　　　　　　　　6 July 2015　Sóller

24 はリスボンの車体のまま使われている　　　　　　　　10 Augast 2015　Mercat　Photo by Singo Tanaka

ホテルのレストランから                                    6 July 2015  Les Palmeres

バックにはトラムンタナ山脈が見える　　　　　　　　　　　　　　　　　　　　　6 July 2015　Sa Torre

テラスで朝食を摂る人々の前を走る　　　　　　　　　　　　　　　　　　　　　7 July 2015　Les Palmeres

地中海でバカンスを楽
しむ多くの人々
6 July 2015
Can Generos-s' Eden

地中海を臨む終点付近は遊歩道になっていてトラムは中央を走る　　　　　　　　　　　6 July 2015　Can Generos-s'Eden

夏は一番のかきいれ時である

6 July 2015　Mercat

◂海水浴客の足として使われているトラム

6 July 2015　Can Generos

海岸沿いの道はトラムと緊急車両以外は通行できない

6 July 2015　Can Generos-s'Eden

ソイエル付近ではオープンカフェの前を走る

6 July 2015　Mercat-Sóller

眺めの良い海岸沿いにはホテルやコンドミニアム，別荘が立つ　　　5 July 2015　Port 'de Sóller-Can Generos

商店が立ち並ぶ横
丁から
5 July 2015
Port 'de Sóller

浜辺を走る

5 July 2015  s`Eden-Les Palmeres

終点ポルト・デ・ソイエルで並んだ2つの顔

5 July 2015  Port 'de Sóller

ここからソイエルの街中に入る　　　　　　　　　　　　　　　　　6 July 2015　Mercat

南国らしい石壁が続く　　　　　　　　　　　　　　　　　　6 July 2015　Mercat-Can Guida

運転台
右上の黒い箱
の銀色の丸棒
部分にブレー
キハンドルを
差し込む　手
ブレーキは非
常用

マスコンはイングリッシュ・エレ
クトリック製

降車時には天井に張られた紐を引っ張って知ら
せるシステム

木造電車はみんなの人気者 6 July 2015 Sóller-Mercat

▶ソイエルのランドマークのカトリック教会（Església parroquial de Sant Bartomeu de Sóller）をバックに走る

6 July 2015 Sóller-Mercat

ホイッスルが目印のもとリスボン市電　その音は玉電を想い起こさせる

6 July 2015　Sóller

ソイエルの中心街からソイエル駅をめざして登っていく　右は公設市場　　　　　　　　　　　　6 July 2015　Mercat-

パルマからの列車を降りた乗客は我先にとトラムに乗り移っていく　　　　　　　6 July 2015　Sóller

暑いマヨルカでは涼しげなオープン客車が人気　　　　　　　6 July 2015　Mercat-Sóller

通るべからず

路地から飛び出してきたトラム

6 July 2015　Sóller-Mercat

Port de Sóller から遊歩道を走ってきたトラムはここから専用軌道に入る　　　　　　　　6 July 2015　Sa Torre

マヨルカ島はリゾートムード満点の楽園　　　　　　　　　　　　　　　　　　　　　　　5 July 2015　Port 'de Sóller

"まもなく発車しまーす"
6 July 2015　Mercat

トラムは運転士と車掌のコ
ンビが大切
6 July 2015
　　　Mercat-Sóller

大きな鞄を抱えた車掌

5 July 2015　Port 'de Sóller

57

トラムはこの町の重要な観光資源になっている　　　　　　　　　　　　　　　　　6 July 2015　Mercat-Sóller

▶交換待ち　繁忙期は続行運転をする　　　　　　　　　　　　　　　　　　　　　6 July 2015　Roca Roja

　大勢の乗客が待ちわびる　　　　　　　　　　　　　　　　　　　　　　　　　　6 July 2015　Mercat

木造電車は街並みに溶け込んでいる

6 July 2015  Sóller-Mercat

束の間の折返し時間を過ごす　　　　　　　　　　　　　　　　　　　　　　　　　　　　　5 July 2015　Port 'de Sóller

◀ポルト・デ・ソイエルからソイエルに到着　　　　　　　　　　　　　　　　　　　　　　　6 July 2015　Sóller

両方ともリスボンからやってきた車両ながらも右の 23 はソイエルオリジナルの車体に載せ替えられている

　　　　　　　　　　　　　　　　　　　　　　　　　　　　　　　　　　　　　　　　　　6 July 2015　Sóller

地中海に陽が沈もうというときに

▶トラムは夜更けまで走る

ソイエルからパルマに到
着する　ニス塗りの車体
が美しい
3 July 2015
　　Son Sardina-Palma

ZONA VIDEOVIGILA

パルマ付近は併用軌道ではないが道路の中央を走る

4 July 2015　Palma-Son dina

この駅ではソイエル行きの列車のみ 10 分間停車しソイエルの街の展望を楽しませてくれる　写真は通過するパルマ行きの列車
5 July 2015　Mirador del Pujol d'en banya

トンネルは蒸機時代のままなのでパンタは限界まで下っている
5 July 2015　Mirador del Pujol d'en banya

ソイエルから到着した列車は電動車が機回しされる 　　　　　　　　　　　　　　　　　4 July 2015　Palma

"直前横断もへっちゃらよー"　　　　　　　　　　　　　　　9 July 2015　　Palma-Son Sardina

"おっといけねー列車が出てきた"　　　　　　　　　　　　　3 July 2015　　Palma-Son Sardina

大きなパンタを２個載せて６両の客車を牽く

AAB FHV形電動車 4　中央から右側がかつての1等室で今もソファーが置かれている　　　6 July 2015　Sóller

AAB FHV形電動車 3　中央から左側がかつての1等室　　　9 July　2015　Palma-Son Sardina

客車 14　一部は窓枠が古いままである

3 July 2015　Palma

客車 16　窓枠が交換されている

3 July 2015　Palma

ソイエルの車庫にいた自動車改造の事業用車　他にルノー製のレールカーがある　　　　　　　　　6 July 2015　Sóller

ブンヨラに停まっていたギャロッピンググース　　　　　　　　　　　　10 Augast 2015　Bunyola　Photo by Singo Tanaka

頭にはパンタらしきものが付いている　　　　　　　　　　10 Augast 2015　Bunyola　Photo by Singo Tanaka

梯子を抱えており架線の修理をする
のであろうか
Augast 2015　Bunyola
　　　Photo by Singo Tanaka

美しい木造電車のサイドビュー　バックはトラムンタナ山脈　　　　　　　　　6 July 2015　Sóller

AAB FHV 形の製造銘板　Carde y Escoriaza は現在の CAF
（Construcciones y Auxiliar de Ferrocarriles）の前身

白熱灯のレトロな照明

優雅なデッキ上部の飾り

AAB FHV 形のもと 1 等室　現在は差額料金なしで乗れる

AAB FHV 形のもと 2 等室

一般客車は転換クロスシート

AAB FHV 形の運転台　上の丸い箱は真空ブレーキハンドル
マスコンはスティック形に変えられている

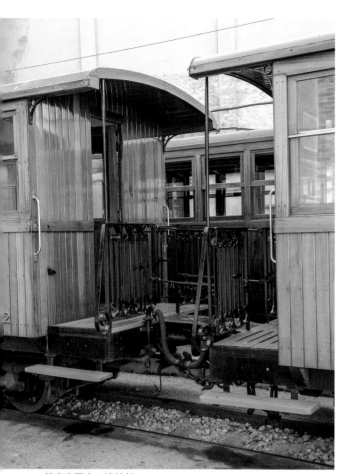

一般客車の妻面

一般客車同志の連結部

一般客車（左）と AAB FHV 形（右）との連結部

AAB FHV 形のデッキの柵

一般客車の台車

AAB FHV 形の台車

渡り板には立ち止まり禁止の表示がある

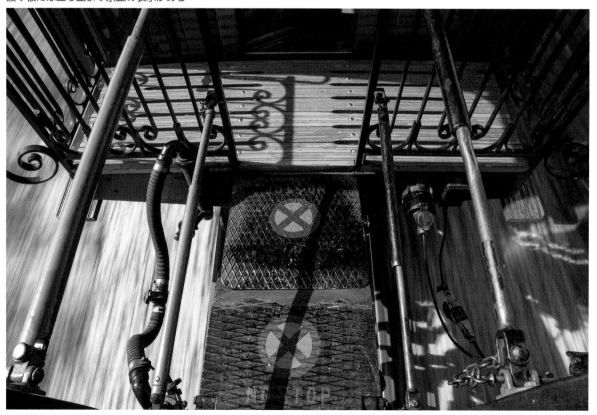

いずこも同じ　大人も子供も連結作業には
興味がある
　　　　　4 July 2015　Palma

AAB　FHV 形のパンタの影

トラムンタナ山脈を
抜けて終点ソイエル
に到着する
6 July 2015 Sóller

折返しのため機回し中 6 July 2015 Sóller

機回しが終わって連結される 6 July 2015 Sóller

AAB FHV 形のフルラインナップ

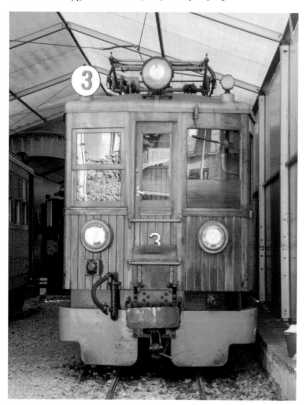

ソイエルの車庫内には蒸機時代の名残であろうかターンテーブルが残っている　　　　　　　　　　6 July 2015　Sóller

ソイエルに到着の列車　　　　　　　　　　　　　　　　　　　　　　　　　　　　　　　　6 July 2015　Sóller

90年以上経た今もピカピカの木造電車

陽気な木造電車の人々

# 鉄道線の車両

1等・2等合造電動車　形式：AAB FHV
　1～4（4両）
　製造：1929年 Carde y Escoriaza
　車体長：13,540mm, 自重：33t
　台車：ブリル製
　モーター：88 kW×4（600Vジーメンス製）
　最高速度：60km/h
　定員：1等12名, 2等32名
　1等は革張りのソファーが置かれた豪華なもので
すが, モノクラスとなった現在は追加料金なしで
乗れます.

1等客車　1・2・7（3両）
　製造：1912年・1913年
　車体長：12,700mm, 自重：13t
　定員：1等32名

1等・2等合造客車　3・4・9・10（4両）
　製造：1912年・1913年
　車体長：12,700mm, 自重：13t
　定員：1等12名, 2等32名

2等客車　5・6・8（3両）
　製造：1912年・1913年
　車体長：12,700mm, 自重13t
　定員：2等56名

2等客車　11～19（10両）
　製造：1965年～1997年
　車体長：12,700mm, 自重：13t
　定員：2等56名

　現在はモノクラスとなっており, 座席もすべて交
換されています. 車体の外観はほとんど変わりな
いですが, 窓枠は更新で上窓の下部フレームがな
いものに改められたものがほとんどで, 原形のも
のは4・5・7・14しか残っていません. ただし,
2は未確認です. 座席数は登場時のものです.

写真（上から AAB-1・4・6）

# 軌道線の車両

1～3（3両）

　製造：1913年 Cardé y Escoriaza

　使用開始：1913年，台車：ブリル 21-E

　モーター：35馬力×2，直流600V，ジーメンス製

　おでこのライトが特徴です.

20～24（5両）

　製造：1936～1940年 Carris(Maley & Taunton；Metrovick)

　使用開始：1997～2001年

　もとリスボンの車両で900mmから914mmに改軌されました.

　22・23は2012年に1～3の車体と同形の車体に更新されましたが，

　正面上の窓が若干細いです.

4（1両）

　製造：1932年 Cardé y Escoriaza（Brill）

　使用開始：1958年5月

　ビルバオから譲り受けた車両にブリル21-E台車をはかせて使用さ

　れました. 2000年に修復されビルバオに戻されました.

5～6（2両）

　製造：1913年 Cardé y Escoriaza

　使用開始：1913年，2軸ボギートレーラー

7（1両）

　製造：1932年 Cardé y Escoriaza（Brill）

　使用開始：1958年5月，トレーラー

　4とともにビルバオから譲り受けたものです. 2000年にもとの状態

　に復元されアズペイティア Azpeitia の博物館 The Basque Railway

　Museum に収蔵されました.

8～11（4両）

　製造：1890年 Cardé y Escoriaza

　使用開始：1954年，オープントレーラー

　もとパルマ・デ・マヨルカ Palma de Mallorca の路面電車でもとも

　とは馬車軌道からのものです.

1～7（7両）

　製造：2001～2002年 Ferrocarriles de Sóller（自社）

　使用開始：2001～2002年，オープントレーラー

　窓と側面は，取り外し可能で寒い季節には取り付けられます.

1～8（8両）

　2軸ボギートレーラー

　最近製造されたものと思われます（車番は重複しています）.

写真（上から3・23・20・8）

2軸ボギートレーラー（車番不明）　　　　Photo by Singo Tanaka

Photo by Singo Tanaka

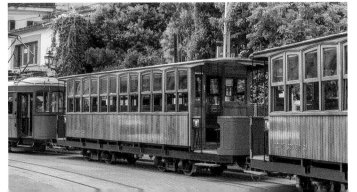

住宅地の軒先すれすれに走る様は江ノ電を連想させる

6 July 2015　Mercat-Can Guida

# ソイエル鉄道線路配線図

＊ Open Railway Map をもとに作成
　交換設備のある駅のみ表示

Palma

Son Sardina

Son Reus

Sa Coma/Santa Maria

Bunyola

Mirador del Pujol d'en Banya

Tram

Sóller

Mercat

Can Guida

Roca Roja

Es Control

Port 'de Sóller/La Payesa

# あとがき

世界中でも木造電車が残っているところはごくわずかですが，スペイン・マヨルカ島のソイエル鉄道は全車両が木造で鉄道線・軌道線あわせて50両を超える車両があり，まさに木造電車のパラダイスです．かねてから洋書や海外の鉄道雑誌を見てぜひ行ってみたいと思っていましたが，さてマヨルカまでどうやって行ったらよいものかと考えてしまいました．日本からスペイン本土へ行ってマヨルカ島に渡るのは時間がかかりすぎます．目的をソイエル鉄道だけに絞れば羽田からフランクフルト経由で効率よくマヨルカ島パルマに行くことができるとわかりました．それも羽田深夜発でパルマには昼過ぎに着けます．英国ブラックプールに行くのと大して変わりないではないですか．マヨルカ島は木造電車だけでなく，ヨーロッパ有数のリゾート地で観光スポットもたくさんあるので1週間すべてマヨルカ島で過ごすプランを組み，夫婦でゆっくりとバカンスを楽しむこととしました．

　ソイエル鉄道のパルマ駅に行くと早速お目当ての木造電車が目に飛び込んできました．それまで書物で見ていた車両はどす黒いものでしたが，どれも明るい無垢の状態できれいにニス塗りされたものばかりでしたので驚きました．パルマからソイエルに行く列車は1日5本しかないので途中の駅で降りての撮影はあきらめてパルマ付近で撮影しました．市内は気温が41℃もありましたが，日本のように湿度が高くないのでなんとか凌げました．東端にあるドラック洞窟や市内の名所を見た後，木造電車に乗ってソイエルに向かいましたが，途中のトラムンタナ山脈を抜ける長いトンネルでは寒いくらいの風が舞い込んできました．ソイエルに着くと木造のトラムが待ち構えていました．海に面したポルト・デ・ソイエルで泊まったホテルは，トラムがベランダから望める最高の立地でトラムは30分から1時間の割合で走っていて，存分に撮影できました．マヨルカ島はパエリアをはじめスペイン料理がおいしくリゾート気分を満喫できました．

　パルマからポルト・デ・ソイエルに行くには今では立派な道路ができバスの方が電車よりもはるかに早くしかも安く行けるのですが，観光客はこの木造電車に乗ることを選ぶのでシーズンは満員です．観光特化がこの鉄道を100年以上守ってきたのです．

　最後に地図や路線図はイラストレーターの山本正子さんに旅情豊かな作品を描いていただきました．写真については田中信吾さんにご協力をいただきました．また，印刷では気生堂印刷所の皆さんに，販売では交友社の皆さんに大変お世話になりました．この場を借りてお礼申し上げます．

写真は特記以外すべて著者撮影
作図：後藤真純
使用機材：Canon EOS 5Ds

**著者略歴**

後 藤 文 男

1952年　東京で生まれる
1976～82年　株式会社交友社勤務
　　　　　私鉄電車のアルバム（慶応義塾大学鉄道研究会）および
　　　　　月刊鉄道ファンの編集・取材にたずさわる
2001年　"西武の赤い電機"出版
2011年　"りんご電車とその仲間たち"出版
2016年　"ファンタスティックトラム"出版
現在　　ビル賃貸・管理業を営む

学習院高等科鉄道研究会ＯＢ
慶応義塾大学鉄道研究会ＯＢ・鉄研三田会会員

連絡先　株式会社交友社鉄道ファン編集部
　　　　113-0021　東京都文京区本駒込6-7-11

ソイエル鉄道のホームページ
https://trendesoller.com/eng/index
運行時刻および運賃は上記ホームページでお確かめください

参考
https://www.viajarentren.net/espana/trenes-turisticos/tren-de-soller/

## 地中海の木造電車　　スペイン・マヨルカ島

発　行　2022年8月20日
著　者　後 藤 文 男
編集・DTP　アトリエ230
発　売　株 式 会 社 交 友 社
　　　　〒113-0021　東京都文京区本駒込6－7－11
　　　　ＴＥＬ 03-3947-1100
印　刷　株式会社気生堂印刷所
定　価　3300円（本体3000円）

ISBN978-4-7731-0010-5 C0065
©2022　Fumio Goto,　Printed in Japan